चाँदनी की स्वेटर पहने बह चली ये नदी

बिटुपन दास

Made with ♥ on the Notion Press Platform

www.notionpress.com

उस चाँदनी की स्वेटर के लिये

कवि के बारे में दो शब्द

बिटुपन दास मूलतः जन्म से असमिया हैं, जिनका जन्म जोरहाट, असम में हुआ था। उन्होंने मैकेनिकल इंजीनियरिंग में अपनी शिक्षा एनआईटी सिलचर से प्राप्त की। बचपन से ही उन्हें हिंदी भाषा के प्रति गहरा लगाव रहा है। वे हिंदी के अलावा अंग्रेज़ी और असमिया भाषाओं में भी अपनी लेखनी का प्रदर्शन करते हैं। उनकी कुछ प्रमुख पुस्तकों के नाम हैं — "चाँद, कश्ती और ये लहरें", "सुन ले कोई मेरी क़लम की पुकार", "गुल-ए-इश्क़", "वो दिल भी क्या दिल है", "मकुआ", "खून की स्याही का हर एक क़तरा भी काफ़ी नहीं, तुम्हें लिख पाने में","The crop of Moonlight", "One Heart, Million Emotions", "Aletheia", "The Garden of my heart and the Gardener", "The Dead Poet, And His Lost Poetry","No One Killed The Mocking Bird", और "Xobdo Bure Jaanu Kobo Paare Anubhutir Purnota"।

वर्तमान में वे अंग्रेज़ी भाषा में दो उपन्यासों पर कार्य कर रहे हैं। भविष्य में उनका सपना एक सफल लेखक और फिल्म निर्माता बनने का है।

आप उनसे यहाँ संपर्क कर सकते हैं:

Instagram: Writerseden

Email ID: bitupondas123@gmail.com

भाग-1

अनुक्रमणिका

तुम्हारी आँखों में देखता रहता हूँ

तुम्हारी आँखों में देखता रहता हूँ,

और धड़कनों की पुकार सुन लेता हूँ।

तुम्हारी बातों में खूदको घुल लेता हूँ,

और सुबह-शाम रंगों से होली खेलता हूँ।

एक-एक करके लफ़्ज़ों की ईंट उठाता हूँ,

और एहसासों का एक घर बनाता हूँ।

एहसासों के घर की खिड़की खोलता हूँ,

और चाँद को रात भर ताकता रहता हूँ।

तुम्हारी आँखों में देखता रहता हूँ,

और धड़कनों की पुकार सुन लेता हूँ।

कश्ती को समंदर में उतारता हूँ

कश्ती को समंदर में उतारता हूँ,

और लहरों से मुलाक़ात कर लेता हूँ।

साहिल पर कहाँ लहरें होती हैं,

इसलिए समंदर से नाता जान लेता हूँ।

समंदर ही कश्ती का घर होता है,

साहिल से इसलिए अब मैं डर जाता हूँ।

कहते हैं कश्ती लहरों से डूबती है,

मैं कश्ती के अंदर का पानी देखता हूँ।

कश्ती को समंदर में उतारता हूँ,

और लहरों से मुलाक़ात कर लेता हूँ।

आसमान का रंग क्या होता है

आसमान का रंग क्या होता है,

क्यों मैं दूसरों से पूछता रहता हूँ।

अगर आसमान में उड़ना होता है,

तो क्यों मैं मुहूर्त देखता रहता हूँ।

अगर बहार आने से ही गुल खिलते हैं,

तो माली को क्यों छुट्टी नहीं देता हूँ।

अगर मैं सब कुछ दूसरों से ही जानता हूँ,

तो ज़मीन के नीचे किसको पाता हूँ।

जब तुम्हारे होठों पर मुस्कान देखता हूँ

जब तुम्हारे होठों पर मुस्कान देखता हूँ,
चिराग़ की बान से अंधेरों को मिटाता हूँ।

कोई तूफ़ान आकर ये चिराग़ बुझा न दे,
मैं तूफ़ान को साँस बनाकर गटक लेता हूँ।

तूफ़ान में भी ऑक्सीजन का मीठा स्वाद है,
तूफ़ान को ऐसे ही मैं मोड़कर चलता हूँ।

हर किसी के दिल में जले ये रोशनी का चिराग़,
इसलिए मैं लफ़्ज़ों की माचिस साथ रखता हूँ।

जब तुम्हारे होठों पर मुस्कान देखता हूँ,
चिराग़ की बान से अंधेरों को मिटाता हूँ।

टहलने के लिए पूरा आसमान का आँगन है

टहलने के लिए पूरा आसमान का आँगन है,

मगर सोना तो ज़मीन के बिस्तर में ही है।

अगर पंछी ने कभी पंख मारा ही नहीं है तो,

ये हवाएँ क्या सिर्फ़ साँस लेने के लिए ही हैं?

हर कदम पर अगर बेड़ियाँ साथ चलती हैं,

प्यार की ज्वाला क्या दिल जलाने के लिए है?

दिल की आग से और कितना हाथ सेंकते रहोगे,

रोशनी की मशाल क्या एक जगह रखने के लिए है?

टहलने के लिए पूरा आसमान का आँगन है,

मगर सोना तो ज़मीन के बिस्तर में ही है।

अँधेरा चाहे जितना भी हो इस धरती पर

अँधेरा चाहे जितना भी हो इस धरती पर,

मिटाने के लिए एक चिंगारी ही काफ़ी है।

मोमबत्तियाँ चाहे जितनी भी जला लो,

दिल में अगरबत्ती की महक ही काफ़ी है।

तूफ़ान चाहे जितने भी हों इस ज़िंदगी में,

आशा का एक छोटा-सा खंभा ही काफ़ी है।

सिर-हाथ जितने हों दुनिया जीतने के लिए,

मगर प्यार के दो घूँट अमृत ही काफ़ी हैं।

अँधेरा चाहे जितना भी हो इस धरती पर,

मिटाने के लिए एक चिंगारी ही काफ़ी है।

तेरी आँखों के जंगल में खो जाता हूँ

तेरी आँखों के जंगल में खो जाता हूँ,

मगर प्यार भरी एक दुनिया पा लेता हूँ।

जितना भी अँधेरा हो चाहे दुनिया में,

तेरे होठों की हँसी से राह ढूँढ़ता हूँ।

ज़ुल्फ़ों में क़ैद रह जाते हैं कई आशिक़,

मगर मैं पंछियों के पंख लगा लेता हूँ।

शाम को पंछी लौट आते हैं घोंसले में,

इसलिए प्यार से एक घोंसला बना रहा हूँ।

तेरी आँखों के जंगल में खो जाता हूँ,

मगर प्यार भरी एक दुनिया पा लेता हूँ।

मैं अंगारों में बहुत देर चल चुका हूँ

मैं अंगारों में बहुत देर चल चुका हूँ,

मगर तेरी गोदी में अब सोना चाहता हूँ।

तुम अब मुझे बचपन की लोरी सुनाओ,

मैं सपनों की दुनिया में जीना चाहता हूँ।

जब तुम्हारी ये सुरीली आँखें देखता हूँ,

होठों से प्यार के गीत गुनगुनाना चाहता हूँ।

ये गीत होठों से कभी ख़त्म ही न हों,

सुबह-शाम इन्हें गुनगुनाना चाहता हूँ।

मैं अंगारों में बहुत देर चल चुका हूँ,

मगर तेरी गोदी में अब सोना चाहता हूँ।

सुबह-सुबह तेरा चेहरा ऐसे मुझे रंग गया

सुबह-सुबह तेरा चेहरा ऐसे मुझे रंग गया,
जैसे इस बेरंग को तेरे रंगों की दुनिया मिल गई।

देखो, रंगों की महफ़िल सजी है दिल में आज,
अब बेरंग से ये होंठ आज रंगों की सुर छेड़ गए।

ये होंठ तेरे रंगीन होंठों के ख़्वाब सजाए,
आज मेरे ख़्वाबों का आँगन रंगों से भर गया।

सुबह-सुबह तेरा चेहरा ऐसे मुझे रंग गया,
जैसे इस बेरंग को तेरे रंगों की दुनिया मिल गई।

देखो, ये दिल की ज़मीन बंजर तो नहीं है

देखो, ये दिल की ज़मीन बंजर तो नहीं है,

मगर यहाँ जो फ़सलें उगती हैं, कौन खाता है।

मौसम भी और बरखा भी समय पर आते हैं,

मगर ये ज़मीन किसकी है, हल कौन चलाता है।

मैं तो सीने से संभाल कर रखता हूँ ये ज़मीन,

तू आ, ले जा, हक़ है तेरा, ये फ़सल तेरी ही है।

इस ज़मीन पर हल मैं चलाऊँ या तुम चलाओ,

ये फ़सल सिर्फ़ तेरे लिए ही संभाल कर रखी है।

दिल में प्यार है, और धड़कन में राग तेरी है

दिल में प्यार है, और धड़कन में राग तेरी है।

ये कैसी धुन है, जो तेरी आँखें सुनाती हैं।

इस धुन में मग्न रूह का हर एक कोना है।

ये तेरी आँखें नहीं, जैसे सुर का मधुशाला हैं।

सुबह-शाम पीता ही जाऊँ, क्या कभी जी भरा है?

ये आँखें नहीं, जैसे हर एक प्याला कोई मदारी है।

इस धुन में मेरा ये तन-मन झूमकर नाचते है।

तेरी आँखों की ये कैसी खूबसूरत अदाकारी है।

सुबह-सुबह दिल में एक मधुर राग गूँजी है

सुबह-सुबह दिल में एक मधुर राग गूँजी है,
ये तेरी आँख है या कोई कलाकार यहाँ बैठी है।

सुर ही सुर है हर लफ़्ज़ के शहर में मेरे अब,
दिल के घर में अब ये उस्ताद घर कर ली है।

ये दिल भी अब मेरे कहाँ ज़मीन पर रहता है,
जबसे तेरी आँखों की भांग खुल के पी ली है।

चलो सैर करें हम आसमान की हवा के संग,
हवा को जेब में बचाकर नहीं, दिल में भरते हैं।

सुबह-सुबह दिल में एक मधुर राग गूँजी है,
ये आँखों की कलाकार की क्या अदाकारी है।

ख़्वाबों की पिचकारी मेरे दिल को ऐसे रंग गई

ख़्वाबों की पिचकारी मेरे दिल को ऐसे रंग गई,

जैसे दिल के आसमान में कोई इंद्रधनुष सजा गई।

दिल के आसमान में प्यार का परिंदा ऐसे उड़ गया,

जैसे हवाओं में पत्ता बेफ़िक्र हर जगह उड़ गया।

ये हवाएँ मेरी साँसों से मुझे ऐसे बहका गईं,

जैसे ये हवाएँ तेरे होठों की जाम पीकर हों आई।

तेरे होठों के नशे की लत से बेबस अब मेरा ये दिल,

तेरे प्यार की धुन अब धड़कन-धड़कन गाने लगा।

मैं कब से दिल से ख़त लिख रहा था

मैं कब से दिल से ख़त लिख रहा था,

मगर मुझे तेरा पता नहीं मिल रहा था।

मैं ख़त पे ख़त तेरे लिए लिख रहा था,

हवाओं को भी दिशा दिखा रहा था।

मगर हवाओं को पता नहीं मिल रहा था।

फिर एक दिन तू ख़ुद बहार बनकर आई।

दिल के गुलशन में फिर गुल खिलने लगे,

फिर गुलशन की तू मालकिन बनने लगी।

ये गुलशन अब मैं तेरे हवाले करता हूँ,

क्योंकि आँखों से तू बरखा लाने लगी।

धुआँ ही धुआँ है जहाँ देखूँ, वहाँ हर जगह

धुआँ ही धुआँ है जहाँ देखूँ, वहाँ हर जगह,

ये आग अभी जल रही है या बुझने के बाद ये हाल है।

क्या ये आग हर जगह जलकर भी बुझ गई है?

देखो तो ज़रा, और कितना कुछ जलना बाकी है।

देखो तो ज़रा, ये हवा किस ओर चल रही है,

क्या ये धुआँ तेरी आँखों को भी जला रहा है?

कौन लगाता है ये आग, और क्यों लगाता है आग?

हाथ में मशाल राह दिखाने को है या बस्ती जलाने को?

धुआँ ही धुआँ है जहाँ देखूँ, वहाँ हर जगह,

ये आग अभी जल रही है या बुझने के बाद ये हाल है।

गुलशन फूलों के रंगों से अब रंगा है

गुलशन फूलों के रंगों से अब रंगा है,

कोई इन रंगों से खुद को रंग तो लो।

फूलों में खुशबू यहाँ-वहाँ तन्हा है,

तितली, तुम आकर थोड़ी साथ तो दो।

गुलशन में बहार है, बारिश भी है,

मगर तुम अब किसके लिए रुके हो?

गुलशन फूलों के रंगों से अब रंगा है,

कोई इन रंगों से खुद को रंग तो लो।

यादों के शहर में तुम साथ चलते हो

यादों के शहर में तुम साथ चलते हो,

फिर भी यादों के शहर में मैं तन्हा हूँ।

दिल की खिड़की से धूप मुझे छू जाती है,

फिर भी प्यार की चादर में भी मैं काँपता हूँ।

चलो बारिश में भीगने दो तन-मन को,

मगर क्यों भीगकर भी भीग नहीं पाता हूँ।

यादों के शहर में तुम साथ चलते हो,

फिर भी यादों के शहर में मैं तन्हा हूँ।

इतनी धूप न हो कि तन पूरी जल जाए

इतनी धूप न हो कि तन पूरी जल जाए,
इसलिए एक टुकड़ा सूरज से तोड़ लाया हूँ।

बाहर चाँदनी हो, मगर अंदर सिर्फ़ अँधेरा हो,
इसलिए घर की खिड़की खोलकर रखता हूँ।

ऊपर आसमान हो, मगर सिर्फ़ पेड़ चलते हों,
इसलिए पेड़ों की बेड़ियाँ पिघलाकर, पंख देता हूँ।

इतनी धूप न हो कि तन पूरी जल जाए,
इसलिए एक टुकड़ा सूरज से तोड़ लाया हूँ।

बादल आसमान में हैं तो क्या हुआ

बादल आसमान में हैं तो क्या हुआ,

ज़मीन से क्या कोई बस्ता नहीं है।

समंदर एक जगह है तो क्या हुआ,

नदी से क्या कभी कोई बस्ता नहीं है।

चाँद आसमान में है तो क्या हुआ,

धरती से क्या कोई बस्ता नहीं है।

आप मुझसे इतनी दूर हैं तो क्या हुआ,

हमारे दिल के क्या क़रीब नहीं हैं।

मैं आसमान को यूँ घूरता रहता हूँ

मैं आसमान को यूँ घूरता रहता हूँ,

मगर सिर्फ़ पंख फड़फड़ाता रहता हूँ।

मैं तुम्हें पल-पल तकता रहता हूँ,

मगर पास जाकर बैठ नहीं पाता हूँ।

मैं तुम्हारे इतनी क़रीब रहता हूँ,

मगर मैं क़रीब रह नहीं पाता हूँ।

मैं आसमान को यूँ घूरता रहता हूँ,

मगर सिर्फ़ पंख फड़फड़ाता रहता हूँ।

मैं समंदर की लहरों में बस बह रहा हूँ

मैं समंदर की लहरों में बस बह रहा हूँ,

लहरों से डर नहीं रहा हूँ, मज़ा ले रहा हूँ।

मैं सफ़र में यहाँ-वहाँ बस चल रहा हूँ,

रास्ता भटका नहीं हूँ, खुद को ढूंढ़ रहा हूँ।

मैं लफ़्ज़ों से प्यार का ख़ज़ाना बाँट रहा हूँ,

दिल की तिजोरी खाली नहीं, बल्कि भर रहा हूँ।

मैं समंदर की लहरों में बस बह रहा हूँ,

लहरों से डर नहीं रहा हूँ, मज़ा ले रहा हूँ।

भाग-2

तारों के आँगन में

तारों के आँगन में

चाँद अकेला है,

चाँदनी तो है धरती पर,

मगर बारिश के लिए प्यासा है।

बादल गरज रहा है

आसमान के रथ पर,

जैसे वापस फिर

समंदर से मिलना है।

समंदर भी नाचता है

लहरों के साथ हर पल,

रथ की कमान

चाँद के हाथ में है।

तारों के आँगन में

चाँद अकेला है,

चाँदनी तो है धरती पर,

मगर बारिश के लिए प्यासा है।

हवाओं पे लहराती

हवाओं पे लहराती

तेरी ये जो ज़ुल्फ़ें हैं,

बांध लें ये मुझे

ख़्वाबों में हर पल।

ख़्वाबों का आँगन है,

फूलों से बिछा,

दे जाए ये मुझे

तेरे प्यार की सुगंध।

इस महक से ही

मेरे दिल का खर्चा चले,

ज़िंदगी जीने के लिए

अब न होगा कुछ भी कम।

हवाओं पे लहराती

तेरी ये जो ज़ुल्फ़ें हैं,

बांध लें ये मुझे

ख़्वाबों में हर पल।

यादों की डाली पर

यादों की डाली पर

तेरे प्यार का पंछी

घोंसला बनाकर बैठा है।

उड़ने के लिए ये

खुला आसमान है,

मगर

तेरी साँसों के साथ ही

अब महकता है।

यादों की डाली पर

तेरे प्यार का पंछी

घोंसला बनाकर बैठा है।

सावन आया है

सावन आया है,

मोरनी ने भी

पंख खोलकर

खूब नाचा है।

बरखा की बूंद-बूंद में

अब सारा अंग-अंग महका है।

सावन आया है,

मोरनी ने भी

पंख खोलकर

खूब नाचा है।

ये रुप देखकर

धरती पर

प्यार की महफ़िल सजी है।

सावन आया है,

मोरनी ने भी

पंख खोलकर

खूब नाचा है।

बरखा की बूंद-बूंद में

बरखा की बूंद-बूंद में

जैसे नाचते हैं

ये पत्ते हर दम,

वैसे ही नाचता है

ये मेरा तन-मन,

तेरे ख़यालों में भीगा हर दम।

महक रही है

ये ज़मीन ख़्वाबों की,

जैसे बज रहा हो कोई

साँसों का सरगम।

बरखा की बूंद-बूंद में

जैसे नाचते हैं

ये पत्ते हर दम,

वैसे ही नाचता है

ये मेरा तन-मन,

तेरे ख़यालों में भीगा हर दम।

मेरे मन की हिरन

मेरे मन की हिरन

भागे चला है अब

तेरी आँखों का है जो

यह मधुबन

सुकून की तकिया गले लगाकर सोए वहाँ,

मगर फिर भी ख़्वाबों में फिरता

बनकर यह चंचल मन की हिरन

मेरे मन की हिरन

भागे चला है अब

तेरी आँखों का है जो

यह मधुबन

तेरी आँखों का मधु चखकर

बह चला यह प्यार की नदी,

मिलने के लिए रुह का वह समंदर।

मटक-मटक कर चले यह प्यार की कमर,

नदी ऐसे मुड़े,

यह अदा कैसी मनोहर।

आ जा, दिल के घर में रह जा

आ जा, दिल के घर में रह जा

इसे आसमान के रंगों से रंग दूँ

तुझे यहाँ उड़ने को दो पंख दूँ

साँसों में जीने का स्वाद दूँ

आ जा, दिल के घर में रह जा

इसे आसमान के रंगों से रंग दूँ

तारों से सजा दूँ ये पूरा आसमान

जुगनू को भी मन के रथ पे उठा दूँ

रोशनी की महफ़िल सजेगी हर एक तरफ

जहाँ भी जाऊँ तुम, तुझे खुद से मिला दूँ

आ जा, दिल के घर में रह जा

इसे आसमान के रंगों से रंग दूँ

जब मेरी नज़र तेरे चेहरे पे रुके

जब मेरी नज़र तेरे चेहरे पे रुके,

चलते हुए सफ़र में,

मेरी नज़र के पैरों में

नूर का पहिया लगे,

फिर ये राहें रोशनी से भर जाएँ।

जब मेरी ये साँसें

तेरे होठों का स्वाद चखें,

ये दिल बावरा होकर

ख्वाबों की दुनिया में

मोरनी बनके नाचे।

तेरे अंग-अंग में भंग है,

जब मिले मेरा अंग तेरे अंग से,

तब ये दोनों रूह एक हो जाएँ,

और कैलाश पर शिवजी की तरह झूमने लगें।

तेरी आँखों की गुफ़्तगू

तेरी आँखों की गुफ़्तगू

मेरे दिल के गुलशन में

बहार ले आए,

बातों ही बातों में

पूरा गुलशन खिल जाए।

कब से संभाल के रखे हैं ये फूल,

तेरे दिल की तितली पंख खोल के तो आओ,

यहाँ रंग ही रंग हैं हर हुस्न में,

रंगों से अब तू अंग-अंग को रंग जाओ।

तेरी आँखों की गुफ़्तगू

मेरे दिल के गुलशन में

बहार ले आए,

बातों ही बातों में

पूरा गुलशन खिल जाए।

धूप की चाबुक में

धूप की चाबुक में

छाँव की मरहम तुम्हारी है,

अँधेरे की बाँहों में

चाँदनी तुम्हारी है।

रोशनी की बारिश है,

गुलों की खुशबू भी

हवाओं में बह रही है,

जबसे तेरे दिल के घर में

दबे पाँव हमने कदम रखे हैं।

चप्पल खोलकर रखी है

दिल की देहलीज़ पर,

ताकि खबर हो ये कि

घर के अंदर कोई है।

धूप की चाबुक में

छाँव की मरहम तुम्हारी है,

अँधेरे की बाँहों में

चाँदनी तुम्हारी है।

आसमान की उड़ान में उड़ते हुए

आसमान की उड़ान में उड़ते हुए,

चलने के लिए सड़क ढूँढ़ता हूँ।

हवाओं को बाहों में भरकर,

ज़मीन को पैरों से

दिल से महसूस करना चाहता हूँ।

एहसासों के दरिया में

कब से बह रहा हूँ,

मगर अब समंदर का

सहारा ढूँढ़ता हूँ।

दिल की पंखों में

दिल की पंखों में

ये तूने क्या

प्यार का इत्र घोला।

महका ये मन का आसमान,

घुलने लगे खुशबू के बीज

ख्वाबों की ज़मीन में हर जगह।

अब खिल रहे हैं कई रंगों के फूल,

और ये दुनिया लगने लगी है रंगीं-बिरंगी।

दिल की पंखों में

ये तूने क्या

प्यार का इत्र घोला।

दिल की ये आग क्या

दिल की ये आग क्या,

जल के भी बुझ गई।

कोई थोड़ी हवा

दे के तो अब देखे।

हवा ये जिस तरफ चले,

धुआँ ये राह बनाए।

दिल का सूरज ये

बस यूँ जल उठे,

अंधेरों के पर्वत ये

बस यूँ ही निगल जाए।

आँखों में चाँदनी

अब भर जाए,

रुह को भी

रोशन कर जाए।

मन की नगरी से

चाँद की झलक अब दिखे।

दिल की ये आग क्या,

जल के भी बुझ गई।

कोई थोड़ी हवा

दे के तो अब देखे।

आसमान के लिफाफे में

आसमान के लिफाफे में

दिल के ख़त मैंने हैं भरे

डाकिया ये जो बादल है

ठिकाना तो ये चाँद ही है

मगर ये चाँद क्यों अब

मुँह फुलाए बैठा है

डाकिया, तू जल्दी से जा

धरती सूखी है

रिमझिम बरखा बनके

धरती पे बरसना है

आसमान के लिफाफे में

दिल के ख़त मैंने हैं भरे

चाँद को थोड़ा गुदगुदाकर

चाँदनी हर तरफ फैलानी है

तेरी ज़ुल्फ़ों की गोदी में

तेरी ज़ुल्फ़ों की गोदी में
मेरा सर ज़रा रखने दो
गोदी में सर रख के मुझे
खुले आसमान से मिलने दो

मीठी-मीठी साँसें हैं वहाँ
खोया-खोया होश मेरा
फिर भी कदम ऐसे चले
जैसे सीधा है राह मेरा

तेरी ज़ुल्फ़ों की गोदी में
मेरा सर ज़रा रखने दो
रात ऐसे ना ढलने दो
चाँदनी पास रहने दो

तेरी ज़ुल्फ़ों की गोदी में

मेरा सर ज़रा रखने दो

गोदी में सर रख के मुझे

खुले आसमान से मिलने दो

मैंने तेरे नाम किया है

मैंने तेरे नाम किया है

एक टुकड़ा दिल का नूर

ताकि रोशन रहे तेरा जहाँ

हर कदम पर निशान रहे

वक़्त की रेत पर मेरे एहसास

मैंने तेरे नाम किया है

एक टुकड़ा दिल का नूर

तू बो लेना ये नूर की फ़सल

अपने दिल की ज़मीन पर

हल चला के ये प्यार का

मैंने तेरे नाम किया है

एक टुकड़ा दिल का नूर

तेरे ख़यालों में डूबे

तेरे ख़यालों में डूबे
मन के पंख मेरे
उड़के आके रुके
दिल के घोंसले में मेरे

सपनों के पत्ते नाचें
हर एक डाली-डाली
जबसे पी है मैंने
साँसों की भांग तेरी

तेरी आँखों के शहर में
जबसे चलने लगा मैं
मंज़िल मिली मुझे
रुह की हर गली-गली

चाँद की गोदी में

चाँद की गोदी में

सर रख के सोना है

मगर ये बादल क्यों,

ये बादल क्यों सामने हैं

मगर चाँदनी का

कैसा मीठा स्वाद है

जैसे एहसास चाँद के

क़रीब रहने का है

चाँद की गोदी में

सर रख के सोना है

ये हवाएँ साँसों को

क्या कोई लोरी सुनाती हैं

चाँद की गोदी में

सर रख के सोना है

मेरा दिल दौड़े

मेरा दिल दौड़े

आसमान के बादलों की

छत पर,

फिर फिसल के गिरे,

भीगा के हुस्न की ज़मीन

और मिले नदी-सागर से,

जैसे बहे ख़ून

रग-रग में पहन के

साँसों की मीठी ऑक्सीजन।

मेरा दिल दौड़े

आसमान के बादलों की

छत पर।

वो भी गोथे

नर्म स्वेटर

अपने होठों से,

ज़ुल्फ़ों की घनी

ऊन से,

ताकि कोई ठंड

न तन्हा करे

प्यार की इस तपिश

महफ़िल को।

मेरा दिल दौड़े

आसमान के बादलों की

छत पर।

जहाँ भी जाऊँ मैं, वहाँ ही

जहाँ भी जाऊँ मैं, वहाँ ही

तेरे दो नैनों के दर्शन को

क्यों मैं पल-पल को तरसू?

मैं अगर जाऊँ ख़ुदा के घर,

तेरे मुखड़े की मूरत को ही

क्यों मैं हर तरफ़ देखूँ?

ख़ुदा के नाम में ऐसे जाप करता रहूँ,

जैसे पल-पल तेरे नाम का ही जाप करूँ।

मंदिर में मैं हर दिन दिया जलाऊँ,

फिर मैं दिल में अँधेरा क्यों रखूँ?

तू आ जा अब मंदिर तोड़के,

तू आ जा अब मस्जिद तोड़के,

ताकि पूरी दुनिया को एक रब का घर बना दूँ।

इस दुनिया का ताला अब प्यार की चाबी से खोलूँ।

जहाँ भी जाऊँ मैं, वहाँ ही

तेरे दो नैनों के दर्शन को

क्यों मैं पल-पल तरसू?

मेरी आँखों की महफ़िल में आ तू

मेरी आँखों की महफ़िल में आ तू,
तुझे ख़ामोशियों की आवाज़ सुना दूँ।
मेरे होठों की दरिया में बह जा,
तुझे दिल के प्यार के सागर से मिला दूँ।

मेरी बातों ही बातों में घुल जा तू,
तुझे मैं रंगीन शरबत की तरह पी लूँ।
रंग जा मुझे ऐसे, मेरा अंग-अंग,
ताकि इस दुनिया को भी रंगों से रंग दूँ।

मेरी आँखों की महफ़िल में आ तू,
तुझे ख़ामोशियों की आवाज़ सुना दूँ।
मेरे होठों की दरिया में बह जा,
तुझे दिल के प्यार के सागर से मिला दूँ।

तेरे दो नैनों के पहिए

तेरे दो नैनों के पहिए

मेरे नैनों के रथ के सहारे

मेरे दिल की गलियों से गुज़रें

राहों में कितने

अनगिनत सपने सजाएँ

चलते-चलते

तेरे होठों की लोरियाँ

अंग-अंग में सितार बजाएँ

ख़्वाबों की दुनिया में

साँसों को मीठा स्वाद दे जाएँ

तेरे दो नैनों के पहिए

मेरे नैनों के रथ के सहारे

मेरे दिल की गलियों से गुज़रें

चलते-चलते

राह के निशानों से

प्यार का एक पुल बनाएँ

जिस राह से मुझे

रूह के घर का पता दे जाएँ

तेरी ज़ुल्फ़ों के गरजते हुए ये बादल

तेरी ज़ुल्फ़ों के गरजते हुए ये बादल,

तेरी साँसों का लहराता हुआ ये आँचल।

बूंद-बूंद बारिश से

राग छेड़े ये धड़कन-धड़कन।

तेरे होंठों का स्वाद चखे,

नाच उठे ये पूरा तन-मन।

तेरी आँखों की श्रृंगारी से

जल उठे मेरी रूह के घर में दिया

हर पल।

अब ऐसे ही आसमान की नब्ज़ चले

और ज़िंदा कर जाए ख़्वाबों का ये जीवन।

तेरी ज़ुल्फ़ों के घर में

तेरी ज़ुल्फ़ों के घर में
बंद कर लो मुझे अभी
और रंग दो सारी दीवारें
आसमान के रंग जैसी नीली

जबसे तेरे नैनों की राह से
होंठों की सीढ़ी मैंने चढ़ी
धड़कन-धड़कन राग गूँजे
जबसे बादल की पुकार सुनी

तन की ज़मीन सूखी है
बरसा दो बूँद-बूँद बारिश अभी
ताकि आँगन-आँगन खिलें ये गुल
गुलशन में जैसे बहार लौट आई

तेरी ज़ुल्फ़ों के घर में

बंद कर लो मुझे अभी

और रंग दो सारी दीवारें

आसमान के रंग जैसी नीली

आसमान की छत पे चढ़ के

आसमान की छत पे चढ़ के

खींच के बादलों के कान मैंने मोड़े

मगर बादल खिल-खिल के हँस उठे

ना बादलों की शरारत कुछ भी रुकी

तेरी अदा ऐसे तन-मन को छू गई

जैसे हिरन आँखों के जंगल में

मटक-मटक के रुह की राह पे चली

ऐसे सुकून मिला मुझे जैसे

फागुन पत्ते-पत्ते को लहरा गई

आसमान की छत पे चढ़ के

खींच के बादलों के कान मैंने मोड़े

मगर बादल खिल-खिल के हँस उठे

ना बादलों की शरारत कुछ भी रुकी

महकती हुई साँसों की

महकती हुई साँसों की

तू ही है मेरे दिल की

धड़कती हुई धड़कन,

जैसे बरखा बरसी हो

सूखे होठों की ज़मीन पर

और खिल उठे गुल का जीवन।

प्यार की इस मधुर हवा में

लहराती हुई, उड़ती हुई,

पंख लगाए

ये मेरा चंचल मन,

जैसे आसमान की गोद में हो

ख्वाबों का आँगन,

जहाँ उड़े दिल की ये पतंग।

तेरी ज़ुल्फ़ों में हैं जो ये बादल

तेरी ज़ुल्फ़ों में हैं जो ये बादल,

तू उँगलियों से लट मोड़ दे तो ज़रा,

भिगो दे प्यार से ये दिल की ज़मीन,

ये ज़मीन कब से सूखी हैं पड़ी,

रात भी अब मुझे लगे तन्हा।

तेरी ज़ुल्फ़ों में हैं जो ये बादल,

तू उँगलियों से लट मोड़ दे तो ज़रा,

हवा में घुली हैं जो तेरी साँसें,

तो उन हवाओं से ज़िंदगी जीना सीख लूँ,

हवाओं से अब मैं थोड़ा,

ज़िंदगी की गुफ़्तगू ज़रा कर लूँ,

दिल की पतंग अब मैं

ऊँचे आसमान में भेजूँ।

तेरी ज़ुल्फ़ों में हैं जो ये बादल,

तू उँगलियों से लट मोड़ दे तो ज़रा,

तेरी इन आँखों के पिंजरे में

तेरी इन आँखों के पिंजरे में
क्यों तूने मुझे ऐसे क़ैद कर लिया,
अब तेरे ख़यालों में ही डूबा मन,
तैरना तो कब का मैं भूल चुका।

अब रंग दे, अब रंग दे
पिंजरे की दीवार
आसमान के रंग से
नीली-नीली।
अब पंख दे, पंख दे उड़ने को,
हवा ये जो तेरी साँसों की।

तेरे नैनों में हैं जैसे बादल,
और बरसे बारिश मदिरा की,
और भिगो दे शाम का तन-बदन,

बना दे ये शाम मदहोशी।

तेरी इन आँखों के पिंजरे में

क्यों तूने मुझे ऐसे क़ैद कर लिया,

अब तेरे ख़यालों में ही डूबा मन,

तैरना तो कब का मैं भूल चुका।

तेरी आँखों की दरिया में

तेरी आँखों की दरिया में

कब से मैं हूँ डूबा

अब घोल दे, अब घोल दे

तेरी बातों की रंगोली यहाँ।

तेरे होंठों की रोशनी से

तुम जलाती हो

दिल की अगरबत्ती

अब गुफ़्तगू से खेलो ना

सुबह-शाम रंगों की होली

कब से आँगन में

नज़र है मेरी

आँगन में कभी तो

बरस जा फूल-सी

तेरी आँखों की दरिया में

कब से मैं हूँ डूबा

अब घोल दे, अब घोल दे

तेरी बातों की रंगोली यहाँ।

लफ़्ज़ों के शहर में

लफ़्ज़ों के शहर में

तेरी बातों की दुकान

खोल लेना।

एक-दो बातें होंठों से

मेरे साथ गुनगुना देना।

प्यार के सिक्कों से खरीदूँगा

तेरी बातों का

हर एक जज़्बात।

तुम भी हल्की हो जाना,

उड़ना मेरे साथ उड़ान में,

जादू भरे आसमान में,

और खेलना तारों के संग,

पीकर ये प्यार की भांग।

लफ़्ज़ों के शहर में

तेरी बातों की दुकान

खोल लेना।

एक-दो बातें होंठों से

मेरे साथ गुनगुना देना।

दिल की दरिया बहती है

दिल की दरिया बहती है

तेरी आँखों की राह से ही,

मिलना है तो अब इसे

तेरी रुह के सागर से ही।

प्यार के पंछी अब गीत गाएँ

मन के आसमान में,

जब से तूने अपने होठों से

ख़्वाबों की सितार है छेड़ी।

दिल की दरिया बहती है

तेरी आँखों की राह से ही,

मिलना है तो अब इसे

तेरी रुह के सागर से ही।

मुझसे नज़रें मिलाकर

मुझसे नज़रें मिलाकर

जब तेरी नज़र झुक जाए,

रब की शीतल छाँव तब

मेरे तपते दिल को मिल जाए।

धूप से तपता ये तन-मन

प्यार की बारिश में भीगे,

तेरे कदमों के निशान

मेरी रूह में

साँसों की ये तेरी महक लिख जाए।

मुझसे नज़रें मिलाकर

जब तेरी नज़र झुक जाए,

रब की शीतल छाँव तब

मेरे तपते दिल को मिल जाए।

बिन मौसम बारिश में

बिन मौसम बारिश में

मैं खुलकर तब भीगा,

जब तेरी ज़ुल्फ़ों के बादलों में

दौड़-दौड़कर मैं फिसला।

इन बादलों की शरारत कुछ ऐसी,

बेशर्म हैं ये बादल,

दिन-रात भिगोएँ ये ख़यालों में,

सूरज की भी एक न बात सुनती।

बिन मौसम बारिश में

मैं खुलकर तब भीगा,

जब तेरी ज़ुल्फ़ों के बादलों में

दौड़-दौड़कर मैं फिसला।

तेरी बातों का जादू कुछ ऐसा

तेरी बातों का जादू कुछ ऐसा,

जैसे नशीली हैं ये बातें,

और नाचे ये दिल की धड़कन,

जैसे कोई राग तूने है छेड़ी।

तेरी बातों की महक कुछ ऐसी,

महके ये सपनों का आँगन,

ये आँखें खोलकर भी

तेरी बातों की पतंग में उड़ीं,

और ये मन रूह के कंधों पर

खुले नीले-नीले आसमान में घूमे।

तेरी बातों का जादू कुछ ऐसा,

जैसे नशीली हैं ये बातें,

और नाचे ये दिल की धड़कन,

जैसे कोई राग तूने है छेड़ी।

दिल की महफ़िल सजाए

दिल की महफ़िल सजाए
तेरी आँखों की ये शायरी,
मैं रोज़ पढ़ के, पढ़ के
नशे में डूबता जाऊँ।
मैं तो कोई शायर नहीं,
मगर मैं शायर बनता जाऊँ।

तेरे होठों का स्वाद कुछ ऐसा,
गुड़ से भी मीठा लगे इश्क़ तब,
जब मैंने चाँदनी की चादर ओढ़कर
दिन-रात भुलाकर उसे चखा।

दिल की महफ़िल सजाए
तेरी आँखों की ये शायरी,
मैं रोज़ पढ़ के, पढ़ के

नशे में डूबता जाऊँ।

मैं तो कोई शायर नहीं,

मगर मैं शायर बनता जाऊँ।

उड़ती तितली के पंखों में

उड़ती तितली के पंखों में

पत्थर न बाँधो।

गुलों के कोमल बदन को

ज़रा छूने तो अब दो।

पंख मारती तितली जब,

इस आहट को तो सुनो।

गुलों को इस बात पर

अब खुलकर हँसने तो दो।

गुलों की महक है

उसके दिल की राह।

आँखों से भी एक बार

खूबसूरती से मिलो।

उड़ती तितली के पंखों में

पत्थर न बाँधो।

गुलों के कोमल बदन को

ज़रा छूने तो अब दो।

पंछी उड़े आसमान में

पंछी उड़े आसमान में

और दूर-दूर तक पहुँचे,

अगर वो पंख न मारे,

चलते-चलते सड़क पार करे,

तब बोलो,

अजीब क्यों न लगे तुम्हें?

आदमी टूटे तारों को देखे

और चाँद में काले दाग,

बोलो-बोलो, क्यों भला

कोई सवाल भी न करे?

आँखों का एक साफ़ आईना हो

और आदमी सिर्फ़ चेहरा देखे,

आँखों में भला क्यों अब

वो ख़ुद को न देखे?

पंछी उड़े आसमान में

और दूर-दूर तक पहुँचे,

अगर वो पंख न मारे,

चलते-चलते सड़क पार करे,

तब बोलो,

अजीब क्यों न लगे तुम्हें?

पतंग की डोर न छोड़ो

पतंग की डोर न छोड़ो,

जितना चाहे खींचो।

अगर टूट गई तो

आसमान की गलियों में

आवारा-आवारा फिरेगी।

तेरी आँखों के नशे में

खुद को ही भूल जाएगी,

दूर-दूर आसमान में

मारा-मारा फिरेगी।

फिर लौट के वापस

तेरे पास आ न पाएगी।

पतंग की डोर न छोड़ो,

जितना चाहे खींचो।

अगर टूट गई तो

आसमान की गलियों में

आवारा-आवारा फिरेगी।

ये आसमान अजीब है,

ये ज़मीन की भी प्यास समझे।

बादलों का धनुष उठाए,

बूंदों के बाण चलाए।

फिर लौट के बादल

आसमान के रंगों से खेलें।

ये आसमान और ज़मीन की

कहानी है,

युगों-युगों से पुरानी,

जैसे चाँद बीना

धरती की घर है चुनीं।

तेरी बातों की बाँहों में

तेरी बातों की बाँहों में

मेरे रोम-रोम नाचने लगे।

उड़ी-उड़ी ये दिल की तितली,

जैसे गुल की महक में

खुद को ही महका गई।

लफ़्ज़ों की किलकारी

मेरे होठों की आवाज़ बनी।

गाए ये गीत पुराने,

प्यार के राग ये सुरीले।

तेरी बातों की बाँहों में

मेरे रोम-रोम नाचने लगे।

उड़ी-उड़ी ये दिल की तितली,

जैसे गुल की महक में

खुद को ही महका गई।

तेरी आँखों में

तेरी आँखों में
ऐसे मैं बस गया,
जैसे दलदल में
गिरता मैं चला गया।
फिर भी ज़िंदा मैं
ऐसे हो गया,
जैसे सुबह की धूप
आँगन में आ गिरी।

तेरी ज़ुल्फ़ों के बादल
उँगलियों से हटाकर,
तूने चाँद की चाँदनी से
मेरी रुह को
ऐसे रोशन किया,
जैसे राह में कोई

अँधेरा ही न रहा।

तेरी आँखों के लफ़्ज़

तेरी आँखों के लफ़्ज़

ऐसे मैंने पढ़ लिए,

जैसे ख़ुदा का नाम

मैं जपता चला गया।

और रब को मैंने

दिल के मंदिर में

ऐसे उतार लिया,

जैसे हर एक पत्थर

मूरत अब बन गया।

तेरी अदा ऐसी है जैसे

मैं बवंडर में

आ बसा,

और ये मुझे पल-पल

ख़्वाबों की दुनिया में

यहाँ-वहाँ ले चला।

मेरे दिल की ज़मीन पर

मेरे दिल की ज़मीन पर

तेरी ये आँखें

ऐसे हल चलायी,

जैसे चाँदनी का खेत

बेहिसाब उगता चला गया।

दूर बादलों में छिपा

अब ये चाँद,

जैसे धरती की गोद में

हमेशा के लिए आ बसा।

मेरे दिल की ज़मीन पर

तेरी ये आँखें

ऐसे हल चलायी,

जैसे चाँदनी का खेत

बेहिसाब उगता चला गया।

तेरे चाँद-से चेहरे का नूर जो

तेरे चाँद-से चेहरे का नूर जो

पंख लगाकर

मेरी आँखों के घर में आ बसा।

उड़-उड़कर आँखों के नज़ारों की शहर से

मन के आसमान में सरफ़िरा-सा हो गया।

दिल के आँगन में तब

गुलशन में बहार आ गई।

रूह में तो अब

गुलों की ख़ुशबू

साँसों की अदा बनकर

ज़िंदगी को महका गई।

तेरे चाँद-से चेहरे का नूर जो

पंख लगाकर

मेरी आँखों के घर में आ बसा।

जब तेरी आँखों के सागर से

जब तेरी आँखों के सागर से

दिल ने

तेरे होंठों की धूप के ज़रिए

बादल बनकर पानी पिया,

तब मैंने बादलों के पंख लगाकर

सारा मन का आसमान घूम आया।

फिर बादलों की महफ़िल जब भर गई,

तब इश्क़ ने बरखा की ऐसी राग छेड़ी,

सूखी रूह की ज़मीन पर

गुल खिलने लगे,

और गुलशन की ख़ुशबू

हर एक महफ़िल तक पहुँच गई।

जब तेरी आँखों के सागर से

दिल ने

तेरे होंठों की धूप के ज़रिए

बादल बनकर पानी पिया,

तब मैंने बादलों के पंख लगाकर

सारा मन का आसमान घूम आया।

तेरी ज़ुल्फ़ों के साए ने

तेरी ज़ुल्फ़ों के साए ने

जलते सूरज को निगल लिया।

सुबह तो अभी हुई ही थी,

शाम का नशा अब घुल गया।

नशे में डूबा ये दिल

पंख लगाकर

ख़्वाब जैसा ये आसमान

उड़कर जी आया।

तेरी ज़ुल्फ़ों के साए ने

जलते सूरज को निगल लिया।

सुबह तो अभी हुई ही थी,

शाम का नशा अब घुल गया।

रूह की पंछी गुम है

रुह की पंछी गुम है
हवाओं के जंगल में।
जितना भी फड़फड़ाएँ ये पंख,
जंगल से बाहर क्या
एक खुला आसमान का घर है?

ये रुह तितली बनकर उड़ना चाहे
आसमान के आँगन के गुलशन में।

वहाँ गुल की खुशबू जैसे
बंधी हुई एक सितार की तार है,
मेरी रुह से मेरे दिल की गली तक।

मेरी रुह के पंख साँसों में
एक धुन गाना चाहते हैं खुशबू के तार से,

और ये रूह रंगना चाहती है

गुलों के रंग से अपने तन को।

मगर ये रूह की पंछी गुम है

हवाओं के जंगल में।

तेरे होठों की धूप की कश्ती का

तेरे होठों की धूप की कश्ती का

सवारी हूँ मैं,

ले चले वो मुझे

रुह की उस जहाँ में,

जहाँ रोशनी ही रोशनी है,

हर एक निवाला प्यार के घर में।

और दिल की धड़कन स्वाद ले

मदिरा तेरी दो आँखों की,

और ये धड़कन झूम उठे

दिल की राग में।

और ये ज़िंदगी

साँसों की अदा से,

खुशी के दो पंख लगाकर

मन के आसमान में मस्त उड़ चले,

जैसे ये ख़्वाब हो

तेरी घनी ज़ुल्फ़ों के बादल कोई।

तेरे होठों की धूप की कश्ती का

सवारी हूँ मैं,

ले चले वो मुझे

रूह की उस जहाँ में,

जहाँ रोशनी ही रोशनी है,

हर एक निवाला प्यार के घर में।

रोशनी के संग तू

रोशनी के संग तू

कदम अब बढ़ाए जा

दिल में बादलों की तू ज़रा

आकर कंधा झुका जा

प्यासी है अगर ज़मीं

बरखा की तू बूँद बरसा

लहू की बूँद से ना तू

गुलाब की खुशबू धता

अमन-शांति का कारोबार चले

मगर नफ़रत की आग में तू

घी की बलि ना चढ़ा

प्यार की तू धनुष उठा

रोशनी का अब बाण चला
अंधेरा तो अब मिटेगा ही
आसमान की बाग़ में तू
इंद्रधनुष के रंग खिला

रोशनी के संग तू
कदम अब बढ़ाए जा
दिल में बादलों की तू ज़रा
आकर कंधा झुका जा

अँधेरा अब मिटने को है

अँधेरा अब मिटने को है,

तू सूरज बनकर जलके दिखा।

सुबह की अब कोई फ़िक्र नहीं,

हर कोई अपने दिल में अब

मशाल बनकर चल ज़रा।

गीत है ये मुक्ति का,

गीत है ये जीत का।

ज़ुबाँ-ज़ुबाँ अब हर कोई

ये जयगान गाता जा।

हाथी जैसा बल है तेरा,

अपने बल से तू

धरती का अब बोझ हटा।

अँधेरा अब मिटने को है,
तू सूरज बनकर जलके दिखा।
सुबह की अब कोई फ़िक्र नहीं,
हर कोई अपने दिल में अब
मशाल बनकर चल ज़रा।

अँधेरा अब मिटने को है,
तू सूरज बनकर जलके दिखा।

तेरी इन आँखों का अब

तेरी इन आँखों का अब

चर्चे बहुत है

तेरी इन होठों की हँसी का अब

नूर हर जगह है

तेरी अदाओं से तो

गुल कई खिले हैं

दिल की गली में तो देखो

अब हलचल बहुत है

प्यार की कश्ती में मगर

लहरें बहुत हैं

मगर सागर में तैरना है अब

और बारिश को भी चखना है अब

लहरों से लड़ना है अब

और हवा के संग उड़ना भी है अब

लफ़्ज़ों के गुलदस्ते को अब

दिल से सजाना भी है अब

एहसासों की खुशबू को अब

रूह से महसूस करना भी है अब

तेरी इन आँखों का अब

चर्चे बहुत है

तेरी इन होठों की हँसी का अब

नूर हर जगह है

तेरी अदाओं से तो

गुल कई खिले हैं

तेरी नैनों की कश्ती में

तेरी नैनों की कश्ती में

अब ये दिल बह चला।

रुह के सफ़र में

तेरी चाँदनी का सहारा

अब मुझे मिल गया।

तेरी नैनों की कश्ती में

अब ये दिल बह चला।

साहिल की फ़िक्र क्यों हो भला,

तेरे प्यार का सहारा

अब जो मुझे मिल गया।

तेरी नैनों की कश्ती में

अब ये दिल बह चला।

तेरे होंठों की चाँदनी में

तेरे होंठों की चाँदनी में
ऐसे मेरा दिल भीगा,
जैसे सुबह-शाम तेरे ख़यालों में ही
ये मन खुलकर नाचने लगा।

तेरी आँखों के जादू में
ये रूह ऐसे खोई,
जैसे मेरे ये लफ़्ज़ काग़ज़ों पर
खुलकर उड़ने लगे।

तेरी ज़ुल्फ़ों की दो लटों में
ऐसे मैं बहक गया,
जैसे उँगलियों से बादलों को तू मोड़ के
मेरी ज़िंदगी की मधुशाला में
मदिरा की बरखा ले आई।

तेरे होंठों की चाँदनी में

ऐसे मेरा दिल भीगा,

जैसे सुबह-शाम तेरे ख़यालों में ही

ये मन खुलकर नाचने लगा।

एहसासों ने पंख खोले हैं

एहसासों ने पंख खोले हैं,

जबसे तेरे नैनों के जाम पिए हैं।

तेरे नैनों की नगरी में

उड़-उड़कर

प्यार के कई गीत अब गाने दो।

प्याले से प्याले अब टकराने दो,

जाम ये अब जी भर के पीने दो।

प्यार के नशे में

थोड़ा और झूमने दो।

एहसासों ने पंख खोले हैं,

जबसे तेरे नैनों के जाम पिए हैं।

तेरी ज़ुल्फ़ों का ये जो जंगल है,

यहाँ खुद को खोकर

तुम्हें पाने दो।

तेरे होठों की धूप से

रुह को भीगने दो।

तेरी अदा-अदा में

कैसा ये जादू है,

इसमें खुद को बहकने दो।

एहसासों ने पंख खोले हैं,

जबसे तेरे नैनों के जाम पिए हैं।

तेरी आँखों की

तेरी आँखों की
गरजते हुए बादल,
तेरी साँसों की
उड़ता हुआ आँचल।

बूंद-बूंद बरखा में
भीगे ये तन-मन,
हवाओं की शरारत से
शर्मा जाए अंग-अंग।

बातों ही बातों में
खिल जाए ये गुलशन,
जैसे होंठों की मुस्कान लाए
मीठी सुबह का दर्पण।

तेरी आँखों की

गरजते हुए बादल,

तेरी साँसों की

उड़ता हुआ आँचल।

www.ingramcontent.com/pod-product-compliance
Lightning Source LLC
LaVergne TN
LVHW100324210926
848480LV00003B/1253

* 9 7 9 8 9 0 5 1 0 9 8 2 9 *